AF235359

Über die Autorin

Antanasia Argentum, geboren am 03. Oktober 2003, ist eine deutsche Dichterin und Schriftstellerin. Sie begann im Alter von 12 Jahren Gedichte zu schreiben, woraufhin schon bald Kurzgeschichten und Bühnentexte folgten.

Im Alter von 14 Jahren begann sie in ihrer Heimatstadt Höchstadt a.d. Aisch an Poetry Slams teilzunehmen und somit ihr Talent und Können auf einer Bühne zu präsentieren und auf die Probe zu stellen.

Im Oktober 2020 erschien ihr Erstlingswerk „Die blutigen Verse", auf das sie noch immer mit viel Stolz blickt.

15 Worte, die die Welt bedeuten

ANTANASIA ARGENTUM

Bibliographische Information der Deutschen
Nationalbibliothek:

Die Deutsche Nationalbibliothek verzeichnet diese
Publikation in der deutschen Nationalbibliografie;
detaillierte bibliografische Daten sind im Internet
über http://dnb.dnb.de abrufbar.

©2021 Maja Sonja Heubeck

Herstellung und Verlag:

BoD – Books on Demand, Norderstedt

ISBN: 9783755756880

Vorwort

Es ist schön, dich zu sehen. Bevor du mit dem Lesen beginnst, möchte ich noch etwas anmerken: Das, was du in deinen Händen hältst, ist ein Stück von meinem Universum.

Mir fehlen oft die Worte, um mich selbst zu erklären, und je mehr ich ausschweife, desto komplizierter wird es. Deshalb habe ich es dieses Mal mit wenigen Worten versucht – 15 je Text, um genau zu sein. Ich nenne sie ganz liebevoll *Fragmente meiner Selbst*.

Diese Fragmente bedeuten mir sehr viel und ich möchte, dass sie mit Vorsicht behandelt werden. Also tu dir selbst den Gefallen und versuche nicht sie zu verdrehen, denn wenn du mir eines glauben kannst: Das ist besser für uns alle.

INHALTSVERZEICHNIS

INHALTSVERZEICHNIS

INHALTSVERZEICHNIS

INHALTSVERZEICHNIS

INHALTSVERZEICHNIS

Kapitel 01:

15 Worte,

    die

    unbegreifliche

    Schönheit

    bedeuten.

01| Die Berührung

Berührung

so leicht

doch so kraftvoll

sie verführt die Seele

lässt sie nicht mehr los.

02| Der Nachtfalter

Nachtfalter

so klein

fast schon winzig

zu schwach zum Überleben

so vergeht er im Licht.

03| Die Eisblumen

Eisblumen

so grazil

fast schon unscheinbar

doch trotzdem so wunderschön

so wunderschön wie nichts
anderes.

04| Der Morgentau

Morgentau

so glasklar

kühl und frisch

nur von kurzer Dauer

und doch einfach unglaublich
wundervoll.

05| Der Marienkäfer

    Marienkäfer

    so klein

    fliegt so hoch

    hält sich weit oben

    doch fällt so unglaublich tief.

06| Das Buch

Buch

eine Geschichte

sehr viel Gefühl

und noch mehr Gedanken

zu einem einzigen Meisterwerk
zusammengefügt.

07| Der Vogel

Vogel

so klein

liegt im Nest

es ist so kalt

er erfriert und ist tot.

08| Der Stoff

       Stoff

       so weich

       er ist blau

       ich greife nach ihm

       er gleitet durch meine Finger.

09 | Die Bücher

Bücher

spenden Wärme

sind sehr kostbar

bleiben jedoch oft ungeachtet

diese Kostbarkeiten sind
unglaublich wertvoll.

10 | Die Kunst

Kunst

manchmal fragwürdig

doch meist schön

sehr schön zum ansehen

was auch immer „schön" bedeutet.

Kapitel 02

15 Worte,

die

endlosen

Schmerz

bedeuten.

01| Die Knochenhände

Knochenhände

halten mich

sie sind kalt

ich breche langsam auseinander

die Hände ließen mich los.

02| Der Sessel

Sessel

nun leer

eine schmerzende Erinnerung

seitdem du weg bist

ich vermisse dich jeden Tag.

03| Der Kampf

    Kampf

    mein Leben

    seine gute Gunst

    dein Dasein, dein Schmerz

    ach, wäre ich nur tot.

04| Die Zeit

Zeit

so vergänglich

doch so schön

ist nicht zu begreifen

wir können sie nicht halten.

05| Das Glas

Glas

so zerbrechlich

mit scharfen Kanten

mit Vorsicht zu genießen

es zerschneidet das Schicksal nicht.

06| Die Göttin

Göttin

hübsch, klug

so wie du

nicht so wie ich

du bist wertvoll, ich nicht.

07| Die Särge

    Särge

    stehen dort

    auf dem Friedhof

    sie sind alle tot

    ich ersticke an der Trauer.

08| Lebenselixier

Lebenselixier

so bunt

es wird verschüttet

all das Leben vergeht

ich trage Seelen mit mir.

09| Der Anfang

Anfang

meine Seele

nie endendes Leid

meine Liebe, mein Leben

warum nur wurde ich geboren.

10| Der Schmerz

     Schmerz

     er brennt

     auf meiner Haut

     es tut so weh

     ich will das Leid beenden.

Kapitel 03:

15 Worte,

    die

    scheußliche

    Qualen

    bedeuten.

01| Das Nikotin

>   Nikotin
>
>   leise, schleichend
>
>   in meiner Lunge
>
>   ich kann nicht atmen
>
>   lass mich doch endlich frei.

02| Die Ordnung

Ordnung

nicht vorhanden

in meinem Kopf

nichts ist wirklich klar

ich weiß nicht mehr weiter.

03| Der Blick

Blick

so kalt

er ist wertend

er stört meine Gedanken

ich kann mich nicht losreißen.

04| Die Ohnmacht

Ohnmacht

viel Schmerz

in deinen Augen

es tut mir so leid

ich konnte dich nicht retten.

05| Die Haut

Haut

so weich

ich berühre sie

ich bereue es nicht

ich verbrenne mich an ihr.

06| Das Monster

Monster

in mir

viel zu stark

es ist zu brutal

es lässt sich nicht kontrollieren.

07| Die Bestie

    Bestie

    sagt er

    hat er recht

    bin ich eine Bestie

    ich bin mir nicht sicher.

08 | Opfergabe

     Opfergabe

     deine Ehre

     Würde und Leid

     für unseren geliebten Gott

     musst du nun leider sterben.

09| Das Erwachen

Erwachen

ein Albtraum

es ist kalt

ich will hier weg

bitte lass mich endlich gehen.

10 | Die Geschichte

Geschichte

eine traurige

deine traurige Geschichte

geschnittenes Fleisch, zerrissenes
Herz

du bist fort – für immer.

<u>Kapitel 04:</u>

15 Worte,

    die

    hemmungslose

    Gewalt

    bedeuten.

01| Der Zwang

Zwang

unaussprechlich grausam

kriegt nie genug

er unterjocht zu viele

der Kreislauf kann durchbrochen
werden.

02 | Das Lied

Lied

es erklingt

es spendet Hoffnung

es führt die Rebellion

es verstummt unter bitterem Schmerz.

03| Der Schuss

Schuss

so laut

in die Brust

die Kugel steckt tief

ich verlor damals mein Leben.

04| Der Er

Er

gebrochen, allein

der Atem tot

das Herz zu schwer

das Leben zerfraß ihn gnadenlos.

05| Die Säge

Säge

so tödlich

doch so wundervoll

leicht in meiner Hand

niemand wird die Leiche finden.

06| Die Gliedmaße

    Gliedmaße

    so schwer

    doch so nützlich

    ziehe ich über Gestein

    vergrabe sie unter der Erde.

07| Die Schnapsleiche

Schnapsleiche

liegst dort

du, die Schnapsleiche

Flasche, die leere Flasche

dein Tod – langsam, qualvoll,
sicher.

08| Das Blut

Blut

es brodelt

in meinen Venen

es tut so gut

doch irgendwann wird es fließen.

09 | Die Leichen

Leichen

so kalt

sie liegen dort

ich weiß nicht, warum

warum das damals passieren
musste.

10| Das Benzin

Benzin

ich brenne

gottverdammt, ich brenne

ich sterbe, ich sterbe

und ich schreie und schreie.

Kapitel 05

15 Worte,

   die

   unermüdliche

   Grausamkeit

   bedeuten.

01| Das Ich

Ich

grausam, kalt

zu viel passiert

zu viel verloren, verflossen

zu viel, viel zu viel.

02| Die Grausamkeit

Grausamkeit

ist überall

ist nicht aufzuhalten

ist in den Menschen

sie ist überall auf Erden.

03| Das Regime

Regime

zu mächtig

zu viel Gewalt

ich kann nicht sprechen

zur Hilfe, zur Hilfe – bitte!

04| Das Es

Es

Monster, Abschaum

ein komplexes Experiment

eine immerzu einsame Seele

eine immer noch grausame
Szenerie.

05| Die Gliederpuppe

Gliederpuppe

an Fäden

nicht dein Leben

du bist nur fremdgesteuert

und kannst nicht einmal
entkommen.

06| Die Menschen

Menschen

so grausam

handeln so unüberlegt

ich verstehe es nicht

warum sind die Menschen so.

07| Der Meister

  Meister

  mein Lehrer

  viel zu hart

  er schlägt fest zu

  er bestraft mich völlig grundlos.

08| Der Ekel

Ekel

erlöse mich

sofort, erlöse mich

ich kann nicht mehr

und ich will nicht mehr.

09| Der Hoffnungsschimmer

Hoffnungsschimmer

so winzig

doch trotzdem da

spendet Trost und Kraft

doch wird irgendwann gnadenlos
zerdrückt.

10| Die Ewigkeit

Ewigkeit

zu lang

zu viel Schmerz

zu viele unbrauchbare Träume

zu viel Leere – zu viel.

Kapitel 06:

15 Worte,

    die

    sterbende

    Liebe

    bedeuten.

01| Die Küsse

Küsse

sie heilen

all meine Wunden

doch sie sind Gift

wirken langsam, doch töten schnell.

02| Der Kelch

Kelch

aus Silber

gefüllt mit Blut

in meiner zitternden Hand

es fließt meine Kehle hinab.

03| Die Liebe

      Liebe

      schönes Gefühl

      nicht für mich

      ich hasse es grundsätzlich

      mehr als alles andere hier.

04| Die Qualle

Qualle

bunt, allein

in unendlicher Tiefe

leuchtet so strahlend hell

allein – aber immer in Sicherheit.

05| Das Lampion

Lampion

so hell

ein kleines Licht

erinnert mich an dich

und an deinen frühen Tod.

06| Das Parfum

Parfum

oftmals wohlriechend

doch manchmal nicht

nicht immer klassisch

es riecht nach toten Träumen.

07| Der Regen

Regen

kalt, schwer

auf meiner Haut

wäscht keine Schuld weg

nicht meine, nicht deine – niemals.

08| Das Schicksal

Schicksal

so unberechenbar

manchmal nur grausam

manchmal aber auch gütig

stets hat es seinen Grund.

09| Die Zigarette

Zigarette

Tod, Trauma

Rauch, für nichts

Asche fällt wie Tränen

ein letzter Atemzug zum Ende.

10│ Die Reue

Reue

eine Fassade

scheußlich wie du

Strafen sollen dich ereilen

für das, was du getan.

Kapitel 07

15 Worte,

    die

    verlorene

    Erinnerungen

    bedeuten.

01| Der Schlaf

Schlaf

ein Geschenk

man existiert nur

nur atmen, nicht denken

gehören Träume denn zu
Gedanken.

02| Der Duft

> Duft
>
> so subtil
>
> er ist wundervoll
>
> er betört mich unaufhaltsam
>
> endlich erinnere ich mich wieder.

03| Das Du

   Du

   freundlich, warm

   taust mich auf

   verscheuchst mich nicht direkt

   lässt mich atmen und hoffen.

04| Der Herzenskummer

Herzenskummer

nie gehabt

ich weiß nicht

es ist nicht schlimm

wie fühlt sich das an.

05| Die Erinnerung

Erinnerung

sehr zerbrechlich

doch so wertvoll

sie verblasst ein wenig

und ist doch so stark.

06| Die Muse

Muse

so einzigartig

für jeden Künstler

nicht nur für mich

meine Liebe reicht undenkbar weit.

07| Die Inspiration

Inspiration

so winzig

nur einen Moment

und im nächsten verschwunden

doch sie kommt immer wieder.

08| Der Besitz

Besitz

sagst du

ich gehöre niemandem

ich bin nicht dein

ich werde immer frei bleiben.

09| Die Stufen

Stufen

ins Nichts

ich steige hinab

ich bleibe dort unten

dort unten bestehe ich weiter.

10 | Das Diesseits

Diesseits

in Scherben

zerbrochen, zerschlagen, zerflossen

nicht mehr zu retten

ein Wiedersehen ist völlig
undenkbar.

Kapitel 08

15 Worte,

    die

    gewissenlose

    Lügen

    bedeuten.

01| Die Befangenheit

>Befangenheit
>
>eine Schande
>
>wächst in dir
>
>du bist so unwürdig
>
>ich kann es kaum glauben.

02| Der Heuchler

Heuchler

Hass, Ekel

bluten sollst du

wie kannst du nur

ich kann das nicht verzeihen.

03| Die Sie

Sie

notdürftig zusammengesetzt

eigentlich nicht lebensfähig

selbst genährt, selbst zerfallen

eigens belogen bis heute – verfallen.

04| Die Karte

Karte

voller Buchstaben

doch so nichtssagend

„Schöne Grüße", ja klar

eine „freundliche" Nachricht – so sinnfrei.

05| Der Sammler

Sammler

sagst du

nur ein Sammler

und lügst mich an

denn du bist ein Jäger.

06| Die Worte

Worte

so falsch

doch so mächtig

denn Lügen ist leicht

doch es ist nie richtig.

07| Die Lügen

> Lügen
>
> sie verschleiern
>
> bedecken die Wahrheit
>
> doch nicht für immer
>
> kannst du damit wirklich leben.

08| Die Fotographie

Fotographie

wirkt echt

doch ist erlogen

fängt nur einen Moment

doch nie die ganze Wahrheit.

09| Die Illusion

Illusion

äußerst trügerisch

ich erschaffe sie

die anderen sind verwirrt

niemand soll meine Gefühle sehen.

10 | Der Glaube

Glaube

betrügt oft

die ehrlichen Herzen

das ist nicht gerecht

ich kann nichts dagegen tun.

Kapitel 09:

15 Worte,

    die

    bedingungslose

    Angst

    bedeuten.

01| Das Aufwachsen

Aufwachsen

nicht hier

und nicht jetzt

ich kann das nicht

ich will noch Kind sein.

02 | Der Beistand

Beistand

brauche ich

habe ich nicht

ich bin allein – immer

will mir jemand helfen – bitte.

03| Das Licht

Licht

so hell

es blendet mich

ich kann nichts sehen

ich steige einen Abgrund hinunter.

04| Die Sinfonie

Sinfonie

dein Lied

ein einsames Lied

deine Geschichte, meine Erzählung

schlussendlich reißt es uns
auseinander.

05| Der Zwilling

Zwilling

mein Zwilling

wo bist du

warum bist du fort

warum kommst du nicht zurück.

06| Die Uhr

Uhr

sie tickt

sie ist laut

sie läuft zu schnell

irgendwann bleibt sie einfach
stehen.

07| Der Mut

    Mut

    „einfache Sache"

    nicht für jeden

    manch einer ist feige

    manchmal ist die Angst stärker.

08| Das Klopfen

Klopfen

ganz leise

in meinem Kopf

ich schreie, schreie, schreie

und niemand kommt mich retten.

09| Die Dunkelheit

Dunkelheit

erdrückt mich

sie ist unerträglich

ich kann nicht mehr

es ist so trostlos hier.

10 | Das Jenseits

Jenseits

letzte Rettung

aufgelöst und klar

letzte Rettung, letzte Lösung

ich will hier nicht sein.

Kapitel 10

15 Worte,

    die

    schemenhafte

    Wahrheit

    bedeuten.

01| Der Chronograph

      Chronograph

      schreibt Zeit

      zählt die Momente

      lässt sich nicht täuschen

      Bestimmer über Leben und Tod.

02| Das Ende

Ende

mein Ende

nein, dein Ende

unser aller Menschen Ende

wir können uns nicht retten.

03| Der Gedanke

> Gedanke
>
> so flüchtig
>
> nur leichte Schemen
>
> mal hier, mal dort
>
> doch nie wird er gefangen.

04| Das Wissen

Wissen

so klar

doch so verworren

nicht immer zu durchblicken

so steckt es voller Tücken.

05| Die Magie

    Magie

    meine Melodramatik

    Mondschein, Musik, Malerei

    und alles ist Magie

    und nie soll sie versiegen.

06| Das Notizbuch

Notizbuch

voller Gedanken

oft etwas verworren

mal kurz, mal lang

für eine Fremde nicht lesbar.

07| Der Teufel

> Teufel
>
> ein Symbol
>
> Engel oder Dämon
>
> ein Symbol für alle
>
> doch niemand versteht es wirklich.

08| Der Nektar

      Nektar

      so süß

      wie deine Lippen

      die Lippen eines Mädchens

      ich könnte in dir versinken.

09| Das Vergessen

Vergessen

ist grausam

doch manchmal nötig

dann bleibt kein Schaden

dann ist normales Leben möglich.

10| Die Stille

Stille

tot, ruhig

in meinen Ohren

was bleibt uns allen

nichts bleibt, nicht mal ich.

Nachwort

Es war schön, dich zu sehen. Wie geht es dir jetzt? Wie haben sie dir gefallen, meine Fragmente? Ich hoffe, Du hast sie mit Vorsicht behandelt. Möchtest Du mir antworten, mir etwas erzählen?

Schreib mir doch eine E-Mail:
antanasia.argentum.autorin@web.de

Auf ein Neues.

Danksagung

Ich werde mich bei keinen einzelnen Personen bedanken. Die Gefahr, jemanden zu vergessen, ist zu hoch.

Danke an die Menschen, die mich im Guten begleitet haben – sei es für ein Leben oder nur für eine kurze Zeit.

Danke an die Menschen, die mit mir mitgefiebert haben – egal ob es um meine Bücher oder meinen Schulabschluss ging.

Danke an die Menschen, die mich immer unterstützt haben – auch wenn meine Träume und Ziele noch so bizarr erschienen.

Danke an die Menschen, die ich immer an meiner Seite wissen darf – auch wenn das Leben immer Höhen und Tiefen für uns bereithält und sich stetig alles ändert.

Danke.

Mehr von Antanasia Argentum:

Die blutigen Verse

100 Existenzen, geformt durch Schrift und Wort.
100 Welten, getaucht in tiefste Finsternis.
100 Gedankenströme, gefangen in einem Netz.
100 Wunden, genäht durch Hingabe und Leidenschaft.
100 Gedichte, geschrieben durch meine Hand.
Traust Du dich, sie zu lesen?